«¡Martha González es una persona de gran corazón! Las historias en este libro muestran su corazón por Dios de una manera que los niños pueden captar y comprender cómo Él lidia con personas comunes y corrientes de modos extraordinarios».

Lars B. Dunberg
Presidente, Acción Global / Colorado Springs, CO

«Este libro está lleno de maravillosas historias reales acerca de la verdadera ayuda de personas heridas. Jesús dijo en la Biblia que nosotros somos la luz del mundo. Por lo tanto, cuando ayudamos a las personas heridas, es Jesús el que brilla por medio de nosotros. Martha ha conducido a los niños a un emocionante mundo de posibilidades en las misiones».

Evelyn Christianson
United Prayer Ministry

«Lecciones espirituales y verdades bíblicas para padres e hijos. Las historias de Martha González conmoverán tu corazón y tu alma».

Debbie Macomber
Escritora de éxitos de librería según el *New York Times*

«Esta candorosa obra de Martha González te proporcionará un efecto tripartito. Te rejuvenecerá, te revitalizará y te responsabilizará. Mi esposa y yo hemos viajado con ella por varios países y hemos visto su pasión dominante por ganar almas para el Reino de los Cielos. El incursionar en el maravilloso mundo infantil, le hace acreedora de Mateo 10:42».

Dr. Juan Romero
Cantautor, poeta y misionero

«Martha AMA, VIVE y LIDERA. Este libro ayudará a que sus lectores deseen hacer lo mismo».

Tommy Watson
Pastor emérito de *Christ Fellowship*

«Martha E. González nos deleita con un viaje de experiencias misioneras a través de su libro *Las aventuras de abuelita*. Son historias de la vida diaria que nos proyectan a la eternidad».

Dr. Luciano Jaramillo Cárdenas
Vicepresidente de Bíblica para América Latina
Pastor, Iglesia Presbiteriana Cumberland «El Camino»

Publicado por
Editorial Unilit
Miami, Fl. 33172
Derechos reservados

Primera edición 2010

© 2010 por Martha González Rovirosa
Todos los derechos reservados.

Reservados todos los derechos. Ninguna porción ni parte de esta obra se puede reproducir, ni guardar en un sistema de almacenamiento de información, ni transmitir en ninguna forma por ningún medio (electrónico, mecánico, de fotocopias, grabación, etc.) sin el permiso previo de los editores.

Traducción al inglés: Gloria Garcés
Edición: Nancy Pineda
Compositor de la canción «Las aventuras de Abu»: Rafael Medina
Diseño/diagramación de la portada e interior: Lisi Mejías
Ilustraciones 1: Yuliana Arau-Rodríguez
(Portada, páginas 11, 14, 17, 20, 23, 26, 29, 31, 32)
Ilustraciones 2: © 2010, Matthew Cole/vujovicm/Nicemonkey/Oguz Aral/Igor Zakowski/ grafica/BooHoo/arbit/Patimat Alieva/visioner.
Usadas con la autorización de Shutterstock.com.
Used under license from Shutterstock.com.

A menos que se indique lo contrario, las citas bíblicas se tomaron de la *Biblia para todos*, © 2003. Traducción en lenguaje actual, © 2002 por las Sociedades Bíblicas Unidas.
Las citas bíblicas señaladas con NVI se tomaron de la Santa Biblia, *Nueva Versión Internacional*. © 1999 por la Sociedad Bíblica Internacional.

Producto 495751
ISBN 0-7899-1829-3
ISBN 978-0-7899-1829-1
Impreso en Colombia
Printed in Colombia

Categoría: Niños/Misiones
Category: Children/Missions

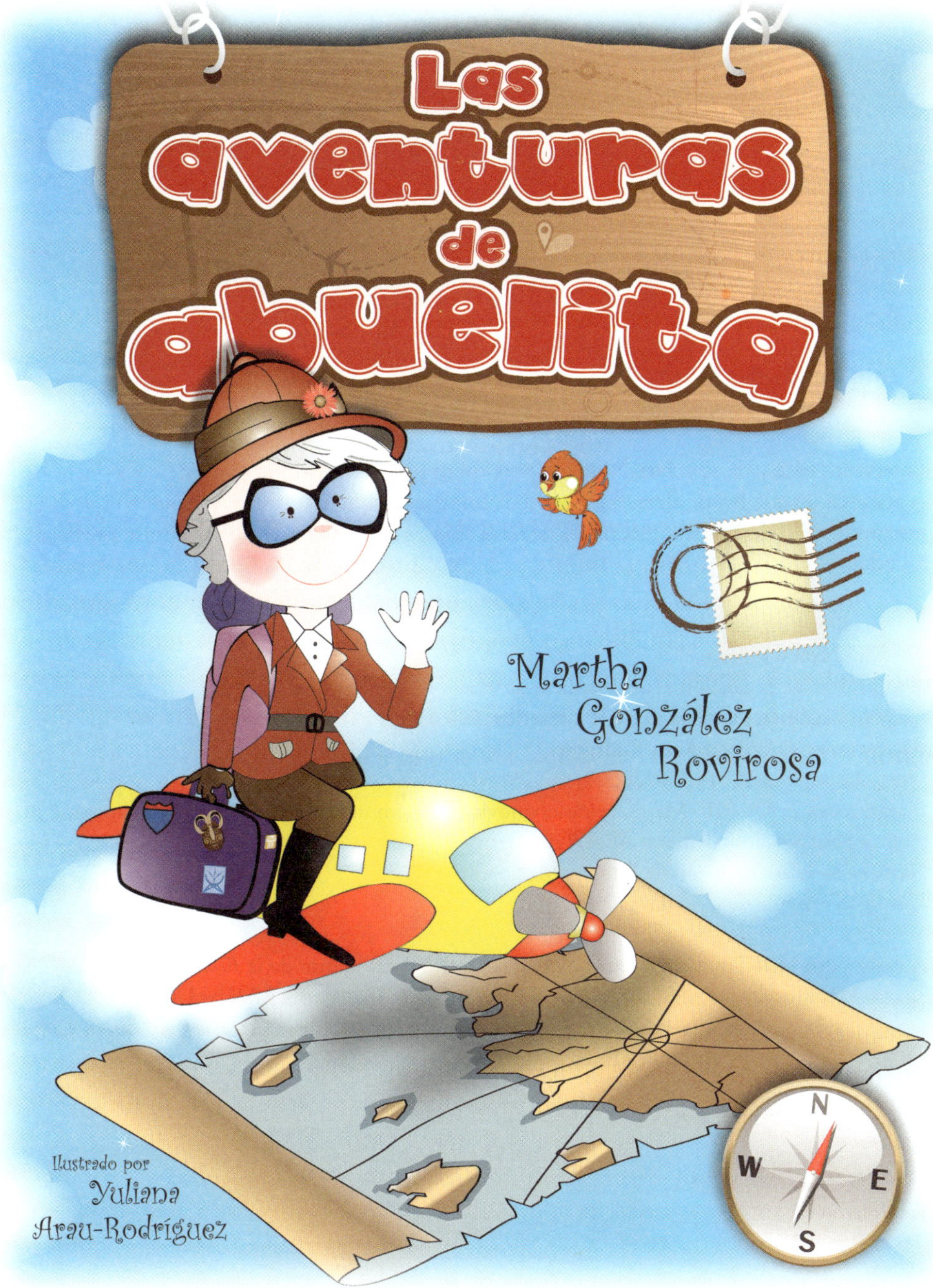

Las aventuras de abuelita

Martha González Rovirosa

Ilustrado por
Yuliana Arau-Rodríguez

«Una división de Editorial Unilit»

A mis nietos,
Tano y Mila, a quienes
amo profundamente no
solo porque son la extensión de mi
vida, sino porque a través de sus existencias estoy
segura que mi llamado continuará por su generación.
A Jorgito, Danielle y Alexa, porque Dios en su generosidad
me los añadió como nietos para bendecirme de una manera muy dulce.
Dios cumplirá su propósito en cada uno de ustedes.
A mi hija Rebecca, por abrir mis ojos a esta visión... ¡gracias, hija, por tu apoyo e ideas.
A mi yerno, Anthony, por su admirable sencillez y amor por su familia.
A mi hijo, Arturo, que con sus detalles y ayuda me ha dado muestras de su gran amor.
¡Lo mejor está por venir!

Los amo,
Abu

Introducción

Me imagino que todos los niños del mundo pueden hablar cosas lindas de sus abuelas. Ellas son muy especiales en nuestra vida y por eso quiero hablarles de mi abuelita, la aventurera. ¿Por qué la llamo así? Porque siempre tiene una gran historia de su vida que contarme.

Lo que siempre le entristece es que ve que muchos niños no saben todas las cosas buenas que pueden compartir. Cuanto más compartan, más increíbles se sentirán. Mi Abu piensa que es tiempo que los niños sepan que son seres únicos y poderosos, y que tienen todo lo que necesitan para influir en las vidas de otros con la ayuda de Dios.

Hoy, quiero invitarte a que escuches a mi abuela mientras nos cuenta historias de sus viajes llenos de aventuras.

¡Te encantará!

¡La gran huida!

«¡Hoy es el día!», me dice mi mamá cuando regreso de jugar en la playa con mis amigos. ¡Nunca lo podré olvidar!
Por mucho tiempo, mi mamá me preparaba para que entendiera el cambio tan difícil que tendríamos en la vida y hoy estaba a punto de suceder... ¡Sí, mi primera gran aventura!

El plan era escaparnos de Cuba para llegar a un nuevo país, los Estados Unidos. El sistema comunista en Cuba nos había quitado toda libertad, así que mis padres se llenaron de valor para esta hazaña. Claro, a mi edad, no entendía por qué tendríamos que dejar nuestra casa, mis juguetes, en especial mi acordeón, para llegar a un lugar diferente donde ni siquiera entendería el idioma.

«Apúrense, la noche se acerca y debemos escondernos», nos dijo mi papá. Así que nos encerramos en una cabaña cerca de la playa donde sentí mucho miedo, sobre todo cuando nos encontramos con más personas escondidas en el mismo lugar. ¡Éramos un montón de cocuyos asustados!
Cuando al fin los guardias se alejaron y la noche estaba más oscura, nos arrastramos como cocodrilos por la arena hasta el mar y nadamos un poco para alcanzar el barco. Así comenzamos a cruzar el mar como sardinas en lata.

Era una noche muy oscura y no podía ver nada. Además, estábamos tan asustados que no decíamos ni una palabra.

Solo se escuchaba el sonido del agua chocando contra el barco.

Como este viaje duró muchas horas, tuve tiempo para pensar en cómo sería mi nueva casa, los amigos y la escuela. Luego, me puse triste... ¿cuándo vería otra vez a mis abuelitos que tanto quería? ¡Los iba a extrañar mucho!

Con las primeras luces del día, nos sentimos mejor. Un barquito se acercó, nos dieron agua y nos dijeron que pronto vendría el guardacostas. Dos horas más tarde, llegó el impresionante buque que nos llevaría a nuestro nuevo hogar. Era tan grande, que había que treparse por unas sogas que caían desde la cubierta... ¡Me sentía como en las películas de piratas!

¡Qué hermoso es recordar estas cosas y ver cómo Dios nos cuidó por todo ese mar para traernos a un mejor lugar! Un lugar donde aprendí a amar a Dios y que me permitió ser una misionera y vivir muchas aventuras.

Versículo para recordar:
Romanos 8:28

«Sabemos que Dios va preparando todo para el bien de los que lo aman».

Confía que Dios puede traer algo bueno hasta de las situaciones más difíciles.

¿Estás pasando por algo difícil que puedes confiar en que Dios te ayudará?

Ahora, toma unos minutos para orar a Dios y pedirle que cuide a los niños y a las personas que viven en **Cuba**.

No te olvides...

ORAR

El pescado que traspasó mi corazón

El día transcurría sin dificultades, pero necesitábamos descansar. Así que hicimos un alto en el único camino que llegaba hasta el hospital. En esta ocasión, acompañaba a un grupo de médicos y enfermeras voluntarios. Como era de costumbre, llevamos a la brigada médica a un lugar para que disfrutara del pescado típico de esa región en Nicaragua.

Aunque teníamos que recuperar fuerzas con el almuerzo, esto era difícil cuando ves a los niños de las aldeas cercanas que corren detrás de los visitantes para pedir limosna. Son tantos que no podemos darles a todos.

Ya en el lugar, nos sirvieron la mesa con mucho esmero. El trato era muy especial debido a que agradecían el trabajo que realizábamos en esa región. Por mi parte, apenas podía comer, pues estaba rodeada de muchos niños que tenían hambre. Sin embargo, la orden era que debíamos comer porque había que trabajar muy duro. Así que después de saborear todas las delicias que teníamos en la mesa, siento una vocecita que me dice:
—¿Me puedo comer lo que quedó?
¡Fue en ese momento que sentí como si las espinas del pescado que quedaba en mi plato traspasaran mi corazón! Era una niña de nueve años, sin zapatos, toda sucia y despeinada. Tenía tanta hambre que no le dio miedo acercarse a la mesa y pedir las sobras. Enseguida, le pedí que se sentara a mi lado y le dije a la camarera que le trajera un plato de comida.

—¿Cómo te llamas? —le pregunto.
—Martita —me responde muy bajito. ¡Cuántos pensamientos pasaron por mi mente! Teníamos el mismo nombre y, sin embargo, nuestras vidas eran muy diferentes.

Cuando le trajeron la comida, Martita empezó a comer con muchas ganas. De pronto, deja de comer y me pregunta:
—¿Puedo llevarle un poco a mi hermanito?
—¡Claro que sí!

¿Te das cuenta?, ¡es muy importante que le des gracias a Dios cada vez que te sientas a la mesa y que sepas que todo esto viene de su mano! Nunca más olvidaré esa niña que me pidió las sobras de mi almuerzo ese día.

Y tú, ¿qué harías por un niño que tiene hambre?

Versículo para recordar:
Salmo 140:12

«Dios mío, de una cosa estoy seguro: ¡tú defiendes y haces justicia a los pobres y necesitados!»

Dios suple todas nuestras necesidades y a veces lo hace a través de los demás.

¿Tienes alguna idea para ayudar a alguien que lo necesita?

Ahora, toma unos minutos para orar a Dios y pedirle que cuide a los niños y a las personas que viven en **Nicaragua**.

No te olvides...

Un sándwich muy especial

Hace muchos años, se me ocurrió una idea. Quería que los niños aprendieran a servir a los demás. Así nació un hermoso proyecto llamado Labor de Amor que se celebraba en el mes de febrero, el mes del amor. En este día, los niños de la escuela trabajaban en diferentes lugares de la comunidad. Las actividades comenzaban bien temprano. Se preparaban todos los sándwiches para nuestros voluntarios y también para los mendigos en las calles del centro de la ciudad de Miami.

En cierta ocasión, mi equipo se dio a la tarea de repartirles alimentos a los desamparados. En el camino vimos algo que nos llamó la atención. Un anciano estaba parado en la bajada del puente con una mano extendida. «¿Ves a ese mendigo?», le pregunté a Diane al detener el auto delante de un semáforo que estaba junto al puente.

De inmediato, le pedí a Diane que le llevara al anciano uno de los sándwiches con soda y postre. Cuando la jovencita regresó, me sorprendí al ver que lloraba sin consuelo. Pensé que se había emocionado mucho al darle comida a una persona tan necesitada. Aun así, teníamos que continuar hacia el lugar donde muchos más recibirían alimentos ese día.

Siempre al regreso de cada labor de amor, los estudiantes nos contaban lo que sentían cuando ayudaban a los demás. Diane pidió permiso para hablar y aquí tienes lo que nos dijo: «Hace muchos días, pensaba en lo lindo que sería irme para el cielo con Dios, pues me sentía muy triste por el divorcio de mis padres».

Diane se detuvo un instante. Todos estábamos sorprendidos, pues no creíamos que esta bella y buena estudiante guardara ese sentimiento. Luego, continuó: «En el momento que le entregué el sándwich al anciano, me dijo: "¡Eres un ángel!". Entonces le respondí: "No, yo no soy un ángel". Al instante, me contestó: "Sí, eres un ángel, así que no dejes que nadie te diga lo contrario". Estas palabras me hicieron reaccionar y enseguida desapareció mi tristeza».

El relato de Diane nos conmovió a todos… y es que aquel sándwich llevaba un ingrediente muy especial: AMOR, que cambió la mente y el corazón de dos personas.

¡Qué importante es dejar que Dios nos use para servir a otros!

Versículo para recordar: Proverbios 22:9

«Dios bendice al que es generoso y al que comparte su pan con los pobres».

Dios te ama y quiere usarte para cambiar la vida de otra persona.

¿Puedes pensar en algún trabajo voluntario en el que puedes participar?

Ahora, toma unos minutos para orar a Dios y pedirle que cuide a los niños y a las personas que viven en **Estados Unidos**.

No te olvides…

El poder de un simple abrazo

Guatemala

La historia que quiero contarte sucedió en un hospital que se encontraba en un lugar apartado de la ciudad de Guatemala. Estaba con un grupo de médicos y enfermeros misioneros que les llevaban esperanza a muchos que nunca hubieran recibido ayuda. La bondad de estos misioneros cambiaría sus vidas para siempre.

Yo nos soy médica ni enfermera. Entonces, ¿qué hacía yo en todo esto? Mi trabajo era hablar con los enfermos para que no estuvieran tristes ni asustados. Después de terminar mi tarea del día, que también era organizar los horarios de las operaciones, visitaba la sala de los niños. Fue ahí que encontré a una niña llamada Lucía. ¡Se veía tan indefensa! Su mamá y su papá la dejaron allí porque estaba muy delgadita y no tenían dinero para comprarle medicinas y alimentos. Enseguida, sentí el deseo de sacarla de la cuna y abrazarla… A todos nos gusta que nos abracen cuando tenemos miedo o estamos enfermos.

Eso era lo que hacía yo con Lucía. Cada día con mi abrazo le ofrecía mi amor, calor y sonrisas. Entonces, me pregunté: «¿Qué pasará con Lucía cuando me vaya?». En realidad, no quería dejarla solita ahora que su ánimo y su salud habían mejorado tanto. Sin embargo, ¡ya Dios tenía sus planes!

En esos planes estaban Pam y Brett, unos misioneros amigos míos, a quienes les pedí que cuidaran de Lucía y ellos aceptaron con gusto. Cuando llegó el día de mi despedida, no estaba preocupada porque sabía que mi pequeña amiga se sentía feliz con su nueva familia.

Después de muchos meses, los misioneros reciben una noticia: ¡Los padres de Lucía venían a buscarla! Como es natural, ¡Lucía se tenía que ir con ellos!
Algún tiempo después regresé a esa región. Entonces, mis amigos Pam y Brett y yo decidimos ir a visitar a Lucía. Todos nos sentimos muy contentos cuando vimos a la niña con un lindo vestido y sombrero. ¡Parecía una muñeca! La pequeña estaba muy contenta por los regalos que le llevamos y por tener tanto amor.

Esta historia tiene dos finales felices...
¿Por qué? Porque Lucía se salvó por un abrazo que le dio vida y porque Pam y Brett, después de la linda experiencia con Lucía, decidieron abrir su hogar para darles amor a otros niños que no tenían donde vivir.

Versículo para recordar:
1 Pedro 3:8, NVI

«Compartan penas y alegrías, practiquen el amor fraternal, sean compasivos y humildes».

Suceden cosas buenas con tan solo un simple abrazo amoroso.

¿Cómo puedes alentar a un amigo o miembro de tu familia hacia el amor y las buenas acciones?

Ahora, toma unos minutos para orar a Dios y pedirle que cuide a los niños y a las personas que viven en **Guatemala**.

No te olvides...

La espera de un deseo secreto

¡El Amazonas! Me parecía increíble que estuviera disfrutando tanta belleza de la naturaleza y tener tanto miedo a la vez. El camino era tan estrecho que dos autos no podían estar el uno al lado del otro. De pronto, un camión se nos acercó de frente a toda velocidad y el chofer del autobús, en el que íbamos nosotros, tuvo que echarse a un lado enseguida. En ese momento, parecía que el autobús colgaba de la montaña... ¿se mantendría por el camino o caería por el precipicio de un momento a otro?

¡El viaje parecía interminable! ¿Lograríamos pasar todos los peligros del camino? Los planes que tenía eran que cuando llegara a Quito, viajaría en una pequeña avioneta hacia Macas, una ciudad al sureste del Ecuador. Por ser un día festivo, no habría vuelo por unos días. Así que tomé la decisión de viajar en un autobús para llegar a Macas y no tener que esperar por el próximo vuelo. No me importaba, porque como misionera hay que estar dispuesta a sacrificar nuestras comodidades.

Durante este viaje recordé mi infancia cuando visitaba con mis padres muchos países. En ese entonces, veía a las personas de esos lugares y pensaba cómo sería dormir en sus casitas, comer sus comidas y dormir en sus camas. Me sentía como Ricitos de Oro cuando llegó a la casa de los tres ositos, ¿se acuerdan?

Hasta ese día en Ecuador, esto era algo que había olvidado. Es más, no se lo había dicho a nadie, solo lo guardaba en lo más profundo de mi corazón. Ahora, que ya era grande, hacía esto mismo como misionera, sin darme cuenta que ese era el deseo secreto de cuando era niña.

El viaje por este camino estrecho y lleno de baches me hizo pensar en toda las cosas buenas que Dios me ha dado y le di gracias por cada una de ellas. Fue en ese momento que sentí la voz de Dios diciéndome: «¿No recuerdas que estos eran los deseos de tu corazón?». ¡Imagínate, Dios no había olvidado lo que tanto quise tener cuando era niña! Él se acordaba y quería hacer mis sueños realidad.

Entonces, comencé a llorar lágrimas de alegría, porque pude entender cuánto nos ama Dios que nos complace y se acuerda de todos nuestros deseos.

Versículo para recordar:
Salmo 37:4

«Entrégale a Dios tu amor, y él te dará lo que más deseas».

Dios conoce tu corazón mejor que nadie en el mundo.

¿Crees que Él puede responder tu deseo secreto?

Ahora, toma unos minutos para orar a Dios y pedirle que cuide a los niños y a las personas que viven en **Ecuador**.

No te olvides...

Los primeros pasos de Francisca

Quizá pienses que la historia de Francisca se trata de una pequeña que quiere comenzar a dar sus primeros pasos, pero no es así. Es la historia de una joven de veintiún años de edad que nunca pudo caminar como los otros niños.

Francisca vivía en un lugar donde no había luz eléctrica y para alumbrarse su familia utilizaba una lamparita de queroseno. Una noche, cuando ella era pequeña, sucedió algo terrible: ¡Una de esas lámparas cayó al suelo y produjo un incendio que le quemó sus piernitas!
Francisca creció sin piernas y, por eso, no podía vivir como los demás niños. Aunque estaba acostumbrada a caminar con sus manitos y a arrastrarse por el piso, se ponía muy triste cuando los niños se burlaban de ella.

Un día, su papá oyó por la radio que una brigada médica especializada en quemaduras, de la que yo era parte, estaría en una ciudad bastante cercana a las montañas donde vivían. Él se puso muy contento y le dijo a Francisca que la llevaría para que la pudieran ayudar. Ahora, se preguntaban: «¿Habría esperanza?». Lo que no sabían era que ya Dios estaba comenzando el milagro.

Cuando llegaron al hospital, imagínate la sorpresa de Francisca rodeada de tantos niños que, como ella, tenían defectos físicos. Los médicos, al verla, se asombraron mucho de su dulzura y la sonrisa que había en su cara. Luego, decidieron que, debido a su situación tan especial, debían llevarla a los Estados Unidos. De esa manera tendría los equipos y los médicos que les darían piernas nuevas y el tratamiento que necesitaba para su recuperación.

Ya en los Estados Unidos, fue mucho el amor que recibió de todos, en especial del pastor Danny y su esposa, Frances, que la cuidaron como a una hija. Después que la operaron, Francisca comenzó a caminar y a ver el mundo desde arriba. ¡Ya no tendría que arrastrase ni caminar con sus manitos!

La valentía, la decisión y la fe de Francisca te enseñan algo muy importante: ¡Dios desea hacer un milagro en tu vida hoy! Él cuida de ti y quiere ponerte en un lugar seguro.

Versículo para recordar: Salmo 40:2

«Mi vida corría peligro, y él me libró de la muerte; me puso sobre una roca, me puso en lugar seguro».

Recuerda que Dios está contigo dondequiera que vayas; tú nunca estás solo.

¿Qué puedes hacer para ayudar a alguien que está herido o con dolor?

Ahora, toma unos minutos para orar a Dios y pedirle que cuide a los niños y a las personas que viven en **Honduras**.

No te olvides...

¡Mantas que salvan vidas!

¡**N**ada me hubiera preparado para mi primer viaje misionero a la India! En especial, cuando comencé a caminar por los callejones de los barrios pobres de Calcuta y Dehli. El mal olor de la basura y el estiércol de las vacas, animal sagrado en la India, era insoportable. ¿Te imaginas un lugar al que parece que le cayó una bomba o donde ocurrió un gran accidente? Así es esta parte de la India.

En estas calles polvorientas, muchos andaban pidiendo ayuda para comer. Al ver esto, sentí un gran dolor en mi corazón. Los niños estaban tan delgados que sus huesitos sobresalían por sus ropas andrajosas. Además, las caras de sus mamás estaban muy tristes porque no tenían nada de comer para sus hijitos. Entonces, recordé las palabras de mi madre en mi niñez:
—¡Te lo tienes que comer todo!
—Mami, esa comida no me gusta —le decía.
—¡Debes comerla y darle gracias a Dios por lo que tienes! Hay muchos niños que pasan hambre en este mundo y que desearían tener un plato de comida. Ahora lo podía ver con mis propios ojos. No es que lo merezcamos, pero somos más que bendecidos.

Por eso, yo viajo a estos lugares, porque quiero que otros tengan algunas de las cosas que recibo de Dios, pues «hay más dicha en dar que en recibir» (Hechos 20:35, NVI). De niña, me educaron en una escuela religiosa donde me enseñaron que es una obligación ayudar a los más pobres que nosotros. Que cuando tenemos, podemos ayudar para vivir en un mundo mucho mejor. Sin embargo, ahora lo podía hacer por agradecimiento y no por obligación.

Nuestro grupo siguió viajando hacia Motipur, un pueblecito al norte de la India, donde los niños y los ancianos se van a la cama con frío y con hambre. Aunque el viaje nos llevaba muchas horas por carretera, todos estábamos decididos a repartir mantas para mantenerlos calientes en el invierno. Cuando llegamos, nos dieron una gran bienvenida. Mientras repartíamos los regalos pude observar sus caras llenas de alegría, gratitud y lágrimas. ¡Una simple manta podía salvar una vida! Lo que es más importante, ese día pudimos demostrar el gran amor de Dios.

Versículo para recordar:
Filipenses 4:6

«No se preocupen por nada. Más bien, oren y pídanle a Dios todo lo que necesiten, y sean agradecidos».

Dios nos ha dado muchas cosas por las que tenemos que estar agradecidos.

¿Puedes pensar en al menos diez cosas para darle gracias a Dios?

Ahora, toma unos minutos para orar a Dios y pedirle que cuide a los niños y a las personas que viven en **India**.

No te olvides...

Martha González Rovirosa

Pasión, entusiasmo y un corazón para Dios son las palabras que mejor describen a Martha. Conmoverá tu corazón y lo llenará de gozo mientras te cuenta sus experiencias en el alcance del mundo. Siempre dispuesta a lo que Dios le pone delante, Martha no puede contenerse cuando se trata de predicar el evangelio por Cristo.

Ya sea coordinando esfuerzos debido al huracán Andrés en su comunidad, organizando un equipo de cirujanos plásticos para visitar hospitales empobrecidos de América Latina, viajando por su cuenta o sirviendo en un ministerio radial, Martha ha demostrado ser una persona audaz por Dios.

De sus propias experiencias, escribe estas historias para inspirar a los niños sobre la necesidad del mundo, mostrarles el propósito de Dios para ellos y que tienen una misión para su generación.

Yuliana Arau-Rodríguez

Animada por su madre, Yuliana comenzó a dibujar a una edad muy temprana. Obtuvo su título en bellas artes y trabajó como profesora de arte en Miami, Florida. En la actualidad, Yuliana trabaja como diseñadora gráfica, pero su sueño siempre ha sido convertirse en ilustradora para libros de niños. Las aventuras de abuelita, por Martha González Rovirosa, es la primera incursión hacia ese sueño y espera que su trabajo inspire a los lectores jóvenes para que se expresen a través del maravilloso mundo del arte.

Gloria Garcés

Joven madre, empresaria y filántropa. Hoy en día pertenece a la junta de directores del Hospital Jackson Memorial Kids Fund. Su trabajo filantrópico la lleva a hablar en escuelas y actividades comunitarias, así como a través de un segmento radial llamado «Haciendo el bien» que se transmite en el sur de la Florida.

PARA MÁS DETALLES...

Recuerda visitar la página Web **www.lasaventurasdeabuelita.com**.
Aquí encontrarás la canción «Las aventuras de Abu», así como otras actividades y recursos.

Passion, enthusiasm and a heart for God are the words that best describe Martha. She will touch your heart and fill it with joy as she shares her experiences in reaching the world. Always open to what God lays before her, Martha cannot restrain herself when it comes to sharing the gospel for Christ.

Whether coordinating hurricane Andrew's effort in her community, organizing a team of plastic surgeons to visit impoverished hospitals in Latin America, traveling on her own or serving a radio ministry, Martha has demonstrated to be a risk taker for God.

Out of her own experiences, she writes these stories to inspire children about the world's need, to show them God's purpose for them and that they have an assignment for their generation.

Yuliana started drawing at a very young age. She earned her degree in fine arts and worked as an Art Teacher in Miami, Florida. Presently, Yuliana works as a Graphic Designer, but her dream has always been in becoming an illustrator for Children's books. *The Adventures of Grandma Abu* by Martha González Rovirosa is the first journey towards that dream and she hopes her work inspires young readers to express themselves through the wonderful world of art.

Gloria is an young mother, entrepreneur and philantropist. She currently sits on the Board of Directors of Jackson Memorial Hospital's International Kids Fund.
Her work encouraging others to get involved, has taken her to speak in schools and community events, as well as through a radio segment airing in South Florida called "Haciendo el Bien" ("Doing Good").

FOR ADDITIONAL INFORMATION...
Remember to visit the webpage www.theadventuresofgrandmaAbu.com
Here, you will find the song "Las aventuras de Abu" as well as other resources and activities.

It's not that we deserve it, but we are very blessed. That's why I travel to these places. I want others to have some of the things I get from God, because "It is better to give than to receive" (Acts 20:35 NIV).

As a child, I went to a religious school where they taught me that it's our duty to help those who have less than we do. We can use what we have to help others and make a much better world for everyone. However, now I could do it with a grateful heart and not because it was a duty.

Our group continued traveling up to Motipur, a village in northern India, where the children and the elderly go to bed cold and hungry. Although the trip took many hours by road and we were tired, we were all determined to distribute the blankets that would help keep them warm during the cold winter. When we arrived, the people welcomed us with smiles and cheers. I could see their faces full of joy, gratitude, and tears as they received their gifts. A simple blanket could save a life! But most important, on that day we were able to show the greatness of God's love.

Verse to remember: Philippians 4:6, NLT

"Don't worry about anything I...I pray about everything. Tell God what you need, and thank him."

God has given us so many things to be thankful for.

Can you think of at least 10 things to thank God for today?

Don't forget to...

Take a minute to pray to God and ask him to take care of the children and the people who live in **India**.

Life-Saving Blankets

Nothing could have prepared me for my first mission trip to India! Especially when I walked through the alleys of the slums in Calcutta and Delhi. The stench of garbage and cow dung—cows are sacred animals in India—was unbearable. Can you imagine a place where an explosion or a big accident occurred? That is what this area of India looks like.

Along these dusty streets, many people begged for money or food. Seeing this made me unhappy and heartbroken. The children were so thin that I could see the outlines of their bones through their shabby clothes. And their moms' faces looked so sad because they didn't have any food for their babies.

Then I remembered the words my mother said to me when I was a child:
"You have to eat all your food!"
"But, Mommy, I don't like this food," I would say.
"You have to eat it and thank God for what you have! There are many hungry children in this world who wish they could have a plate of food." Now I could see that with my own eyes.

Right there and then, they decided that, due to her special condition, they would take her to the United States. That way, they could have access to the medical equipment needed to give her new legs and the treatment needed for her recovery.

Once in the United States, she received much love from everyone she met, especially Pastor Danny and his wife, who cared for her like a daughter. After the surgery, Francisca began to walk and see the world from a different angle. She would never have to crawl or use her hands to drag herself along the floor again!

Francisca's courage, determination, and faith teach us a very important lesson: God wants to perform a miracle in your life today! He wants to protect you and keep you safe.

Verse to remember: Psalm 40:2, NIV

"He lifted me out [...] of the mud and mire; he set my feet on a rock and gave me a firm place to stand."

Remember, God is with you wherever you go; You are never alone. What can you do to help someone who is hurt or in pain?

Don't forget to...

Take a minute to pray to God and ask him to take care of the children and the people who live in **Honduras**.

Francisca's First Steps

You may think Francisca's story is about a little girl who wants to take her first baby steps, but it is not so. This story is about a twenty-one-year-old who could not walk as most people do.

Francisca lived in a place where there was no electricity, so in order to see at night, her family had to use oil lamps. One night, when she was a little girl, something terrible happened: One of these lamps fell to the floor where she was playing and burned her legs! Because of that accident, Francisca grew up without the bottom part of her legs, and that is why she couldn't walk or live like other children. Although she was used to crawling along the floor with her hands, she would get very sad when kids made fun of her.

One day her father heard on the radio that a team of doctors who helped burned victims would be visiting a city near the mountain where Francisca lived. He was very happy and told Francisca he would take her to meet them to see if they could help her. But they wondered, "Is there really any hope?" They didn't know God had already begun working on Francisca's miracle.

When they reached the hospital, Francisca was surprised to be surrounded by many children who, like her, had physical defects. When the doctors saw her, they were deeply touched by her beautiful smile and sweet personality.

Until that day in Ecuador, I had completely forgotten these thoughts I'd had while I traveled as a child. More importantly, I hadn't shared them with anyone. It was a secret wish tucked in deep within my heart. Now that I was all grown up, I was actually doing all these things as a missionary. And I hadn't even realized they were part of that secret childhood wish.

The journey on this narrow and dangerous road made me think of all the good things God has blessed me with, and I thanked him for each and every one of them. At that moment I felt the voice of God saying to me, "Don't you remember that these were the secret desires of your heart?" Imagine, God had not forgotten what I wished for as a child! He remembered and He wanted to give me my heart's desire. Right then, I began to cry tears of joy because I understood how much God loves us and how He not only remembers but He grants us the desires of our hearts.

Verse to remember: Psalm 37:4, NIV

"Delight yourself in the LORD and he will give you the desires of your heart."

God knows your heart better than anyone else in the world. Do you believe that He can answer your secret desire?

Don't forget to...

Take a minute to pray to God and ask him to take care of the children and the people who live in **Ecuador**.

Ecuador

Waiting for My Secret Wish

The Amazon! We were surrounded by such beauty, and yet we were so afraid at the same time. The road was so narrow that two cars could not be next to each other. Suddenly, a truck approached our bus at full speed, and our driver had to quickly pull over to get out of its way. At that moment, it felt as though the bus were barely balancing on the edge of the road. Would we stay where we were or fall down the mountain?

The journey seemed endless! Could we survive all the dangers along the way? My plans had been to get to Quito and then travel in a small plane to Macas—a city in southeastern Ecuador. But once I arrived, I learned it was a holiday and there would be no flights for a few days. So I decided to travel by bus to get to Macas and not wait for the next flight. I didn't mind, because as a missionary, I knew I must be willing to sacrifice some comforts.

During this trip I remembered visiting many countries with my parents when I was a child. I would see the people from each place and wonder how it would be to live in their homes, eat their food, and sleep in their beds. I pictured myself as Goldilocks when she came to the house of the three bears. Remember that story?

After many months, the missionaries received some news: Lucia's parents were coming to pick her up! Naturally, Lucia had to go with them!

Some time later, I returned to that region. Pam, Brett, and I decided to visit Lucia. We were all very happy to see her wearing a beautiful dress and hat. She looked like a doll! Little Lucia was very happy to see us, and very grateful for our love and gifts.

This story has two happy endings. Why? Because Lucia was saved by the power of a simple hug that gave her life; and because, out of the wonderful experience they had with Lucia, Pam and Brett, the missionaries, decided to open their home to provide love and care to many girls whose families could no longer care for them.

Verse to remember: 1 Peter 3:8, NVI

"Be sympathetic, love as brothers, be compassionate and humble."

Good things can happen with just a simple loving hug.

How can you encourage a friend or family member towards love and good deeds?

Don't forget to...

Take a minute to pray to God and ask him to take care of the children and the people who live in **Guatemala**.

Guatemala

a Powerful Little Hug

In a hospital far from Guatemala City, I worked with a group of missionary doctors and nurses, bringing help and hope to many people who didn't have any other way of receiving medical care. These acts of kindness were changing their lives forever.

I am not a doctor or a nurse, so you might wonder what was I doing there. My job was to talk to the sick people, try to calm their fears, and brighten up their day. After finishing my work for the day, which also included setting up the schedules for the operations, I would visit the sick children's rooms. There I met a girl named Lucia. Her parents had left her there because they couldn't afford to buy her food or medicine. She looked so helpless! I wanted to pick her up out of the crib and hug her. We all like to be hugged when we are scared or sick.

So that's what I did for Lucia. Every day I offered her my love, hugs, and smiles. Then I asked myself, "What will happen to Lucia when I'm gone?" She seemed to be getting happier and stronger, so I did not want to leave her alone now. However, God already had a plan in place. Pam and Brett, missionary friends of mine, were part of that plan. I asked them to take care of Lucia, and they said yes.

When it came time for me to go, I was no longer worried about my little friend, because she was happy with her new family.

Diane paused for a second.

We were all surprised to know this beautiful and studious girl had kept such a strong feeling inside her. Then she went on.

"When I gave the sandwich to the old man, he told me, 'You are an angel!' I said, 'No, I'm not an angel!" He responded, 'Yes, you are an angel! Don't let anyone tell you otherwise.' "In that moment, my sadness was gone!"

That sandwich had a special ingredient that changed the hearts and minds of two people: love. It is so important to allow God to use us to serve others!

Verse to remember: Proverbs 22:9, NLT

"Blessed are those who are generous, because they feed the poor."

God loves you and wants to use you to make a difference in someone else's life.

Can you think of some volunteer work that you can participate in?

Don't forget to...

Take a minute to pray to God and ask him to take care of the children and the people who live in the **U.S.**

A Very Special Sandwich

Many years ago, I had a bright idea. I wanted the students at the school where I worked to learn how to serve others. That's how a beautiful project called "Labor of Love" was born. This project took place in February, the month of love. On a certain day, the children would go work in different areas around our community. Activities would start very early in the morning, and we would take with us sandwiches we had prepared for our volunteers as well as for the homeless people wandering around downtown Miami.

One day, my team decided to distribute food to the needy. On the way, we saw an old man standing under the bridge in front of us, with his hand out. "You see that beggar?" I asked Diane, the student who was with me, while I stopped the car at a red light next to the bridge.
I also asked her to take one of the sandwiches to the old man, along with a soda and a dessert. I thought she was very touched by giving food to this man in need, but we didn't get to talk about it at the time because we had to continue our drive toward the place where many others would receive food that day.

Every time we came back from a "labor of love," the students would tell us what they felt when they helped others. Diane asked for permission to speak, and this is what she said:

"For a long time now, I've been thinking about how beautiful it would be to go to heaven and be with God, because I have been very sad about my parents' divorce."

"What is your name?" I asked. "Martita," she answered in a very quiet voice.

Oh! So many thoughts ran through my head at that moment. We had the same name and yet we had such different lives!

When they brought her food, Martita started to eat very quickly. But suddenly, she stopped and asked me, "Can I take a little bit to my brother?"

"Of course!" I said.

It is so important to thank God every time we sit at the table and to remember that everything comes from his hand! I will never forget that little girl who asked for my leftovers that day.

How about you? What would you do for a hungry child?

Verse to remember: Psalm 140:12, NIV

"I know that the LORD secures justice for the poor and upholds the cause of the needy."

God supplies all our needs, often working through others. Can you think of a way where you can help someone in need?

Don't forget to...

Take a minute to pray to God and ask him to take care of the children and the people who live in **Nicaragua**.

The Fish That Cut My Heart

The day passed by without any problems, but we needed to rest. We decided to stop by the side of the only road that led to the hospital. On this trip, I was traveling with a group of volunteer doctors and nurses. We were on our way to a place where they could enjoy the best food of that part of Nicaragua: the fish.

Even though we used our lunchtime to regain our strength, it was very hard to do so while we watched the kids from nearby villages running after us, the visitors, begging from us so they would have something to eat that day. There were so many that we couldn't give to everyone. Once we finally got to sit down to eat, we received special treatment because the people in the area were so grateful for the work and free medical care they received from our group. I could barely eat after seeing all those hungry kids. But we were given instructions to eat well to get us ready for the hard work ahead of us, so I decided to force myself to swallow my food.

After tasting all the delicious things on the table, I heard a small voice say, "Could I eat your leftovers?"

I felt as though the fish bones left on my plate cut my heart! The voice belonged to a nine-year-old girl with messy hair, a dirty face, and no shoes. She was so hungry that she wasn't afraid to come over and ask for my leftovers. I asked her to sit next to me, and I called the waitress to bring the girl her own plate of food.

Because the night was so dark, I couldn't see anything. We were all so scared that nobody would say a word. All we could hear was the sound of the water splashing against the boat.

The trip lasted many hours, so I had time to think about what my new house, my new friends, and my new school would be like. But suddenly I got sad. When would I see my grandparents again? I loved them and would miss them so much!

With the first rays of light the following morning, we all felt better. A small boat approached us. They gave us water and said the Coast Guard was coming soon. Two hours later, the impressive ship that would take us to our new home arrived. It was so big that we had to climb up to the deck using the ropes they threw down to our boat. I felt as if I were in a pirate movie!

It is so beautiful to look back and see how God protected us throughout our sea adventure and brought us to a better place—a place where I learned to love God and to serve him as a missionary and experience many adventures.

Verse to remember:
Romans 8:28, NLT

"God causes everything to work together for the good of those who love God."

Trust that God can bring good out of even the most difficult situations.

Are you going through something difficult that you can trust God to help you with?

Don't forget to...

Take a minute to pray to God and ask him to take care of the children and the people who live in **Cuba**.

The Great Escape!

Cuba

"Today is the day!" my mother said as I returned from playing at the beach with my friends. I will never forget her words! For a long time, my mother had been preparing me to understand the difficult changes we were going to face from this day on. Today, I was going to experience my first adventure!

My parents' plan was to escape from Cuba and go to a new country—the United States of America. The Communist government in Cuba had taken all freedoms away from us, so my parents decided to be brave and go on this journey. At my age, I didn't understand why we had to leave all our things behind—our home, our toys, and especially my accordion—to go to a different place where I didn't even understand the language.

"Hurry up! It's getting dark and we must hide," said my father. We locked ourselves in a hut close to the beach, and I felt very afraid, especially when we saw other people hiding there as well. We looked like a bunch of scared fireflies, with only our eyes shining in the dark!

When the guards on the beach went away and the night turned even darker, we dragged ourselves through the sand like crocodiles until we got to the water. After swimming a little bit, we reached the boat. The boat seemed more like a can for sardines, but it took us—the sardines— all the way across the ocean.

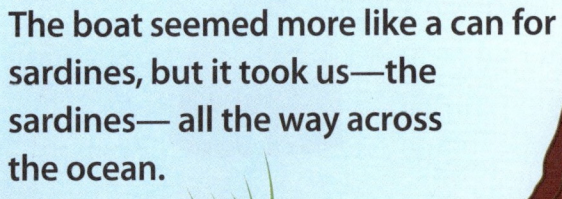

Introduction

Most children in the world have beautiful things to say about their grandmothers. Grandmothers are very special in our lives, and that is why I want to speak about my grandmother the adventurer. Why do I call her an adventurer? She always tells me great stories about her travels to faraway places.

One thing that always saddens her is to see kids who don't know how many good things they could share with others. The more we share, the better we feel. My Abu thinks it is time for children to know they are unique and powerful people, and they have everything they need to change the lives of others with God's help.

Listen, now, to my grandmother as she tells us wonderful stories about some of her journeys and adventures.

You will enjoy it!

To my grandchildren
Tano and Mila, whom I love
deeply not only because they are
the extension of my life, but because
through their existence, I am sure that my calling
will continue through their generation.
To Jorgito, Danielle, and Alexa, because God, in His generosity,
added them as my grandchildren to bless me in a very sweet way.
God will accomplish His purpose in each one of you.
To my daughter, Rebecca, for opening my eyes to this vision...
thank you for your support and ideas!
To my son-in-law, Anthony, for his admirable modesty and love for his family.
To my son, Arturo, who through his details and help has demonstrated
his great love to me.

I love you,
Abu

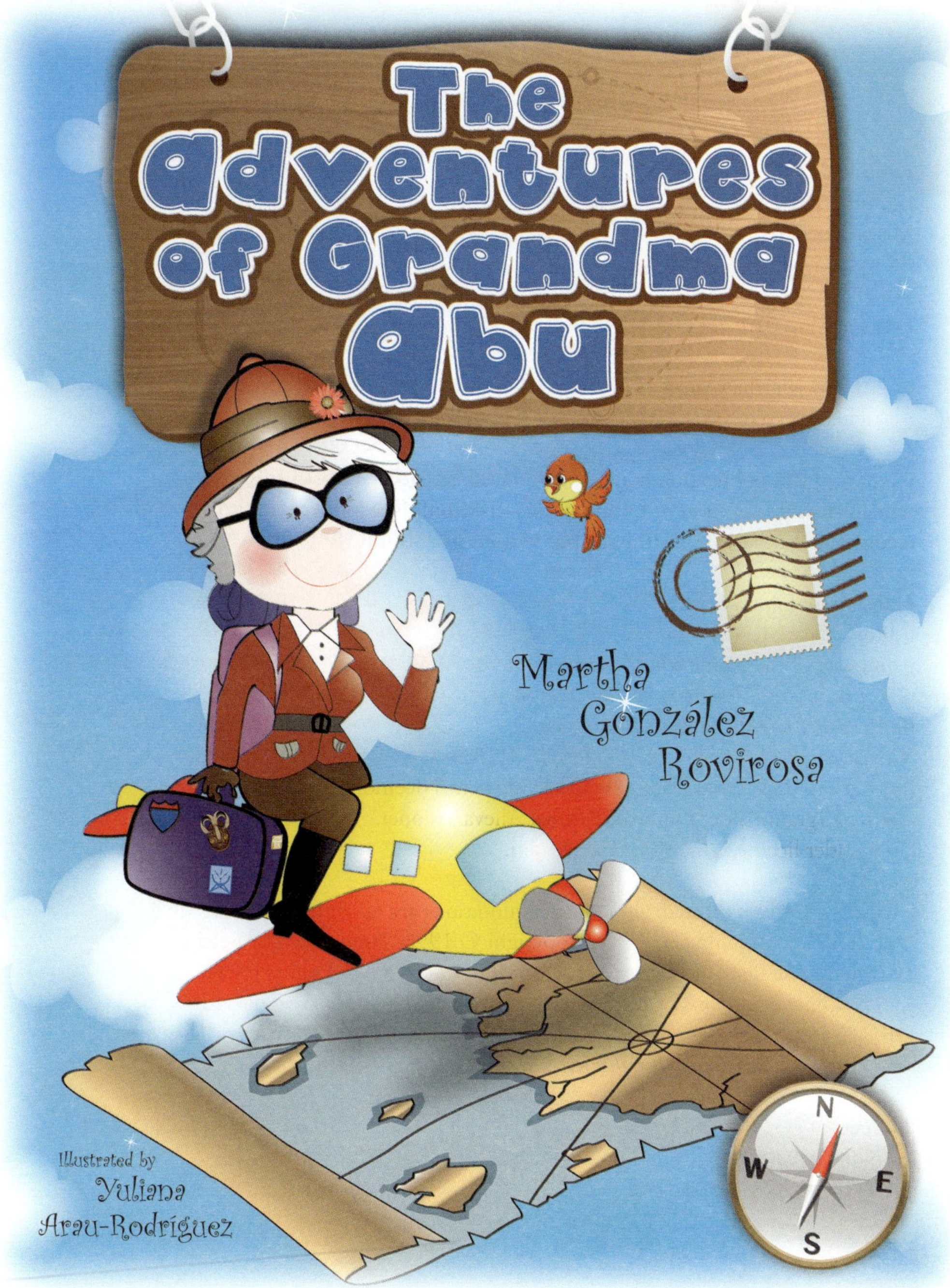

The Adventures of Grandma Abu

Martha González Rovirosa

Illustrated by Yuliana Arau-Rodríguez

«A Division of Editorial Unilit»

Published by
Editorial Unilit
Miami, Fl. 33172
All rights reserved.

First edition 2010

© 2010 by Martha González Rovirosa
All rights reserved.

No part of this publication may be reproduced, stored in a retrieval system or transmitted, in any form or by any means–electronic, mechanical, photocopying, recording, or otherwise– without prior written permission.

Translation: Gloria Garcés
Editor: Mary McNeil
Composer of the theme song "Las aventuras de Abu": Rafael Medina
Cover & interior design & layout: Lisi Mejias
Illustrations 1: Yuliana Arau-Rodríguez
(Cover, pages 11, 14, 17, 20, 23, 26, 29, 31, 32)
Illustrations 2: © 2010, Matthew Cole/vujovicm/Nicemonkey/Oguz Aral/Igor Zakowski/grafica/BooHoo/arbit/Patimat Alieva/visioner.
Used under license from Shutterstock.com.

Unless otherwise indicated, all Scripture quotations are taken from the *Holy Bible, New Living Translation*, copyright © 1996, 2004. Used by permission of Tyndale House Publishers, Inc., Wheaton, Illinois 60189. All rights reserved.
Scripture quotations marked NIV are taken from the Holy Bible, New International Version®. NIV®. Copyright © 1973, 1978, 1984 International Bible Society. Used by permission of Zondervan. All rights reserved.

Product 495751
ISBN 0-7899-1829-3
ISBN 978-0-7899-1829-1
Printed in Colombia

Category: Children/Missions

"Martha Gonzalez is a person of heart! The stories in this book share her heart for God. They are written in a way that children can grasp and understand God's way of dealing with ordinary people in extraordinary ways."

Lars B. Dunberg
President, Global Action / Colorado Springs, CO

"This book is full of wonderful true stories about helping real people who are hurting. In the Bible, Jesus said that we are the light of the world. So when we help ailing people, it is Jesus shining through us. Martha has introduced children to an exciting world of missionary work and endless possibilities."

Evelyn Christianson
United Prayer Ministry

"With spiritual lessons and biblical truths for both parent and child. Martha Gonzalez' stories will touch your heart and your soul."

Debbie Macomber
#1 NYT bestseller

"Martha Gonzalez' virtuous missionary work will provoke and inspire. It will rejuvenate, revitalize and generate responsibility. My wife and I have traveled with her through several countries and have witnessed her prevailing passion for recruiting souls for the Kingdom of Heaven."

Dr. Juan Romero
Singer, songwriter, poet and missionary

"Martha LOVES, LIVES, and LEADS. This book will help her readers desire to do the same."

Tommy Watson
Pastor Emeritus of Christ Fellowship

"Martha E. Gonzalez delights us with a journey of missionary experiences in her book *Las Aventuras de Abuelita* (The Adventures of Grandma Abu). They are stories of everyday life that will guide us to our eternity."

Luciano Jaramillo C.
Vicepresidente de Bíblica para América Latina
Pastor, Iglesia Presbiteriana Cumberland «El Camino»